LA FÓRMULA

DE LA

AUTOCONFIANZA

DE NAPOLEON HILL

LA FÓRMULA

DE LA

AUTOCONFIANZA

DE NAPOLEON HILL

SU GUÍA HACIA
LA AUTOSUFICIENCIA
Y EL ÉXITO

NAPOLEON HILL

Publicado y distribuido por:

Sound Wisdom
Apartado de correos 310
Shippensburg, PA 17257-0310

717-530-2122

info@soundwisdom.com

www.soundwisdom.com

ISBN 13 TP: 978-1-64095-236-2

ISBN 13 eBook: 978-1-64095-237-9

Para distribución mundial

1 2 3 4 5 6 7 8 / 28 27 26 25 24

Ahora posee la gran llave maestra que abrirá la puerta a lo que desee ser. Dele el nombre que desee a su nueva llave. Obsérvela a luz de una fuerza puramente científica si así lo desea; o bien, considérela como un poder Divino, perteneciente a la gran masa de fenómenos desconocidos que la humanidad aún no ha desentrañado. El resultado en ambos casos será el mismo: ¡ÉXITO!

—**Napoleon Hill**, "Confianza en sí mismo",
del curso de Psicología Aplicada
en el Instituto George Washington, 1917.

CONTENIDO

CONTENIDO

PREFACIO

El hombre es tímido y apologético; ya no es recto; no se atreve a decir "yo pienso", "yo soy", sino que cita a algún santo o sabio.

> —**Ralph Waldo Emerson,** "Autosuficiencia".

¿Cuál es el rasgo más importante para determinar el éxito de un individuo en la vida?

- ¿Deseo?
- ¿Definición de objetivos?
- ¿Fe?
- ¿Una actitud mental positiva?

¿Y si existiera una cualidad cuya presencia potenciara todos estos otros requisitos del éxito y cuya ausencia los hiciera inocuos?

Según Napoleon Hill, existe un atributo fundamental que contribuye y, a la vez, es el resultado de todos los principios del logro individual que llegaron a formar su filosofía de la ley del éxito. Como él dice:

Esfuércese todo lo que quiera y no podrá ser feliz a menos que CREA EN USTED MISMO. Trabaje con todas las fuerzas a su alcance y no podrá acumular más que lo suficiente para vivir, a menos que CREA EN USTED MISMO.

La única persona en el mundo que puede ser feliz SIN IMPORTAR LAS CIRCUNSTANCIAS, a través de sus esfuerzos y acumulando toda la riqueza material posible con su trabajo, ¡es USTED MISMO![1]

La confianza en uno mismo podría entenderse, con razón, como la columna vertebral del sistema de éxito de Hill. Pero a pesar de lo crucial que es para la prosperidad y la felicidad, muy pocas personas desarrollan esta característica.

Actualmente, la mayoría de los seres humanos se mueven por la vida sin rumbo y sin ánimo mirando al suelo en vez de mirar hacia arriba y hacia delante, hacia las riquezas financieras, espirituales y emocionales que podrían conseguir. Permiten que las opiniones externas dicten cómo se ven a sí mismos y cómo ven el mundo. Su pasividad permite que los pensamientos negativos se infiltren en su subconsciente y esto agota su energía, ya que pasan gran cantidad de tiempo trasladando esas ideas dominantes a la realidad. Como resultado, las personas que no tienen confianza en sí mismas van a la *deriva* por la vida, están insatisfechas con sus circunstancias y utilizan este malestar como excusa para su escasa autoestima.

Basta de dudas y autocríticas. La fe en usted mismo y en su capacidad para alcanzar su principal deseo marcan la diferencia entre el éxito y el fracaso. Su seguridad emocional y financiera están en juego. Hoy —en este mismo instante— empiece a descubrir, reconocer y a compartir sus puntos fuertes para recuperar la energía y la motivación que necesita para alcanzar sus objetivos.

No más dudas y autocríticas.

Este libro le proporciona las estrategias recomendadas por Hill para controlar sus pensamientos con el fin de aumentar la confianza en sí mismo. Después de leerlo, no sólo será capaz de operar en un plano superior de pensamiento y acción —atrayendo más oportunidades, ganando influencia y disfrutando de mejores relaciones—, sino que también será capaz de inculcar esta cualidad crítica a los demás, especialmente a las personas más jóvenes, que actualmente están formando su sentido del yo.

VENCIENDO AL DEMONIO DE LA DUDA

Hill, un reportero de pueblo del condado de Wise (Virginia), conocía el impacto que la confianza en uno mismo tenía en la trayectoria vital. Fue la confianza en sí mismo, que le inspiró su madrastra, la que le permitió perseguir un sueño que lo sacó de la pobreza de su infancia. Por casualidad, en una entrevista con Andrew Carnegie, Hill recibió instrucciones del magnate del acero para emprender un proyecto de investigación al que Hill acabaría dedicando su vida: estudiar los pensamientos, actitudes y comportamientos de las personas con más éxito para elaborar una filosofía integral del éxito.

Décadas de investigación inicial contribuyeron a la filosofía de la ley del éxito de Hill, que desarrollaría en innumerables discursos, artículos de revistas, libros y programas de estudio. Desde su serie de ocho volúmenes *Las leyes del éxito* hasta su bestseller de todos los tiempos *Piense y Hágase Rico,* pasando por la revista *Regla de Oro de Napoleon Hill,* el curso *PMA: La Ciencia del Éxito* y mucho más, todos los escritos de Hill comparten el objetivo de elevar los pensamientos de las personas para que puedan alcanzar las cumbres del éxito, independientemente de cómo lo definan ellos mismos.

Pero como Hill aprendería por experiencia propia: sin confianza en sí mismo, el ser humano no puede aprovechar el poder de sus pensamientos para alcanzar su principal deseo. Tras décadas de investigación y enseñanza de su filosofía del éxito, Hill descubrió que su propia falta de autoestima inhibía su libertad de pensamiento y le impedía hacer realidad sus sueños. Lo comparte:

De mis dificultades, que ya eran bastante pesadas hasta ese momento, surgió otra que me pareció más dolorosa que todas las demás juntas. Era la constatación de que había pasado la mayor parte de mis últimos años persiguiendo el arcoíris, buscando de aquí para allá la causa del éxito, y encontrándome ahora más desamparado que cualquiera de las 25.000 personas a las que había juzgado como "fracasadas".

Este pensamiento era casi enloquecedor. Además, era extremadamente humillante, porque había estado dando conferencias por todo el país, en escuelas y universidades y ante organizaciones empresariales, alardeando de cómo podían aplicarse los diecisiete principios del éxito, mientras yo era incapaz de aplicarlos yo mismo. Estaba seguro de que nunca más podría enfrentarme al mundo con confianza.

Cada vez que me miraba en un espejo notaba en mi rostro una expresión de autodesprecio, y muchas veces le decía a ese hombre cosas que no puedo repetir aquí. Había empezado a situarme en la categoría de los charlatanes que ofrecen un remedio para el fracaso que ellos mismos no pueden aplicar con éxito.[2]

Superar la percepción negativa de sí mismo causada por el miedo y las actitudes destructivas que le inculcó la sociedad fue el trabajo más duro de la vida de Hill, pero también el más gratificante. Una vez que logró liberarse de las garras del miedo y la duda, fue capaz de aplicar su filosofía del éxito en toda su extensión, y así se convirtió en el mayor experto en superación personal.

EL PRIMER REQUISITO PARA EL ÉXITO

La confianza en uno mismo es uno de los factores más importantes del éxito personal, ya que es crucial para controlar los pensamientos, organizarlos en planes definidos y, en última instancia, ponerlos en práctica. Para los conocedores de la filosofía del éxito de Hill, esto puede parecer discutible. Después de todo, la "confianza en uno mismo" no es uno de los 17 principios originales del logro individual presentados en *La ley del éxito*, ni es uno de los 13 pasos hacia la riqueza detallados en *Piense y hágase rico*. Sin embargo, fue el principal requisito para el éxito identificado por Hill en sus primeros discursos sobre lo que entonces llamaba "psicología aplicada".

En 1917, Hill impartió un curso en el Instituto George Washington de Chicago y compartió una lección que surgió de su entrevista con Carnegie, en la que el gran industrialista declaró: "con un fuerte sentido de la autoestima, ninguna pobreza puede impedir el éxito. La confianza en uno mismo es un estado mental necesario para triunfar, y el punto de partida para desarrollar la confianza en uno mismo es tener un propósito definido "[3.] La experiencia de Hill demostró que las palabras de Carnegie eran ciertas, ya que su investigación inicial reveló que

la diferencia entre el hombre que alcanza el éxito y el que no lo consigue no radica necesariamente en la capacidad cerebral. Más a menudo la diferencia está en el uso que los hombres hacen de su capacidad latente.... Por lo general, el hombre que desarrolla y utiliza todos sus poderes latentes es un hombre que tiene mucha confianza en sí mismo.[4]

Además, afirma que "un análisis minucioso de los hombres de éxito del mundo demuestra que la cualidad dominante que todos ellos poseían era la AUTOCONFIANZA".[5] Puesto que debe estar presente para controlar los impulsos del pensamiento y traducir la motivación en acción, Hill nombra la autoconfianza como el diferenciador clave entre el éxito y el fracaso.

La ausencia de confianza en uno mismo, por otra parte, permite que los impulsos de pensamientos negativos accedan a la mente subconsciente, que entonces trabaja activamente en contra del propio deseo de éxito. Como informa Hill en un artículo de la revista de enero de 1922: "Hemos aprendido que los hombres sólo están limitados por la propia falta de confianza en sí mismos y la falta de fe en sus semejantes".[6] Además, señala que aunque la confianza en uno mismo "es una cualidad esencial para todos los logros que merecen la pena... es la cualidad en la cual la mayoría de nosotros somos más débiles, no es una debilidad que muchos de nosotros reconozcamos, pero existe igualmente".[7] Su investigación reveló que un notable 90% de las personas que analizó carecían de confianza en sí mismas, independientemente de lo capaces que fueran, física o mentalmente. Incluso aquellos que practicaban el sistema de éxito de Hill luchaban contra la autocrítica, la cual limitaba seriamente la eficacia del programa. Hill se lamenta de ello:

La misma inteligencia que se declara en completa armonía con esta filosofía, continúa con demasiada frecuencia y de la misma manera criticandose a sí misma, demostrando así que no ha aprendido la lección. En resumen, la gran masa de la humanidad parece conformarse con estar a la deriva del pensamiento en lugar de hacer el esfuerzo necesario para afirmar el "yo" y conocer su poder divino.[8]

El próximo capítulo explora por qué los estados dominantes con los que opera la humanidad en la actualidad son la duda en uno mismo y la inseguridad. Pero por ahora basta decir que la falta de confianza en uno mismo es una de las mayores enfermedades del mundo actual, y que es responsable de la impotencia, la falta de autocontrol, la dilación y la desesperación que caracterizan a la sociedad moderna.

A pesar de su impacto en los logros individuales, ¿por qué Hill no menciona la confianza en uno mismo como uno de los principios fundamentales del éxito? Don M. Green, director ejecutivo y consejero delegado de la Fundación Napoleon Hill, nos da una pista al señalar que Hill luego colocó la autoconfianza en una categoría más amplia del entusiasmo, categoría que al que Hill designó originalmente como el segundo requisito para el éxito.[9] Sin duda, la autoconfianza impulsa el entusiasmo, pero también está vinculada a los demás principios. Por ejemplo, la fórmula de cinco pasos de Hill para utilizar la autosugestión con el fin de aumentar la fe se denomina "fórmula de la autoconfianza"[10]. Esto se debe a que la autoconfianza es tanto la entrada como la salida en el sistema de éxito de Hill: debe aumentar la fe en usted mismo (entrada) para ser más autosuficiente y tener más éxito (salida). Dicho de otro modo: "para convertirse en un participante activo de la filosofía del éxito, primero debe poseer la actitud mental adecuada que conduzca a la utilización de los demás principios del éxito" [11] Una actitud mental positiva, sin duda, pero dirigida en gran medida hacia usted mismo, su capacidad y hacia las riquezas que están esperando a que se apropie de ellas.

La confianza en uno mismo, primer requisito para el éxito en la filosofía original de logros de Hill y en la culminación de los esfuerzos para obtener riquezas, es un ingrediente fundamental en una vida satisfactoria y plena. Como Hill le informó a sus alumnos del Instituto George Washington: "nunca disfrutarán de mayor felicidad que la que experimentarán mediante el desarrollo de la confianza en ustedes mismos". [12] Quienes carecen de ella deben trabajar diligentemente para cultivarla, o se arriesgarán a pasar toda su vida a la deriva e insatisfechos. El 10% que la posee debe protegerse de las influencias internas y externas que amenazan con socavarla. En palabras de Emerson, uno "debe aprender a detectar y vigilar ese destello de luz que atraviesa su mente desde dentro, más que el brillo del firmamento de bardos y sabios". [13]

Sea cual sea el motivo por el cual lea este libro, descubrirá un beneficio inmediato de la aplicación de sus principios. Tenga en cuenta que, sin duda, su progreso se verá aumentado si trabaja con este contenido en el marco de un club de lectura o en un grupo de estudio en el que puede aplicarse el principio de la mente maestra para alcanzar órdenes de pensamiento de nivel superior. Cuando se comprometa a practicar los pasos descritos en este libro, seguramente se abrirá a un gran crecimiento personal y a un impulso hacia el logro de sus sueños.

PUNTOS CLAVE

🔑 Para aumentar su éxito debe elevar sus pensamientos, especialmente los pensamientos que tiene sobre usted mismo.

🔑 La confianza en uno mismo es la clave para atraer más oportunidades, ganar influencia, disfrutar de mejores relaciones y experimentar una mayor tranquilidad.

🔑 Aunque el 90 por ciento de las personas carecen de este ingrediente esencial para el éxito, es posible que no estén conscientes de ello porque asumen erróneamente que la baja autoestima es el único síntoma. Otros síntomas pueden ser:

✓ agotamiento

✓ insatisfacción

✓ comportamiento errático

✓ procrastinación

✓ falta de metas

✓ pasividad

🔑 Como primer requisito para el éxito, la confianza en uno mismo es la columna vertebral de la filosofía del éxito de Hill. Hill acabó agrupándola con el *entusiasmo*, pero está ligada a todos los principios del logro individual.

El crecimiento personal y el impulso hacia el logro serán suyos cuando se comprometa a crecer:

CULTIVANDO UN ESTADO DE ÁNIMO
PARA COMPROMETERSE A CRECER

Compárese con la lista de síntomas de falta de confianza en sí mismo que figura en los puntos clave anteriores. ¿Cuáles de ellos padece actualmente? ¿Está experimentando algún otro síntoma que pueda estar relacionado con la falta de confianza en sí mismo? ¿Dedica algún tiempo a escribir en su diario sobre cualquier relación que pueda identificar entre sus acciones, experiencias y la percepción de usted mismo?. ¿Le ha sorprendido alguna relación?

Basta de dudas y autocríticas. Usted es digno de la felicidad y el éxito. Mire su reflejo en el espejo, señale con el dedo a la persona que ve y dígale —en voz alta— que es capaz y que merece ser próspero y vivir en alegría.

Comparta los resultados de su autoexamen en el contexto de un grupo de estudio. Invite a los miembros a compartir cómo la falta de confianza en sí mismos puede estar limitando su potencial y frenando la consecución de sus principales deseos. Comprométanse como grupo a trabajar con los conceptos y estrategias detallados en este libro para ampliar los resultados de todos.

CAPÍTULO 1

¿QUÉ ES LA CONFIANZA EN UNO MISMO?

Un hombre sin confianza en sí mismo es como un barco sin timón: pierde el tiempo sin avanzar en la dirección correcta.

—Napoleon Hill,
"Lo que aprendí analizando a diez mil personas".

La confianza en uno mismo es mucho más que una cualidad o un rasgo: es un estado de ánimo. Hill ofrece una definición esclarecedora:

¿Qué es la confianza en uno mismo? Les diré lo que es: es la pequeña ventana de cristal a través de la cual podemos mirar y ver la verdadera fuerza de nuestro cuerpo. La confianza en uno mismo es el autodescubrimiento: descubrir quienes somos y qué podemos hacer. Es el destierro del miedo. Es la adquisición de coraje mental. Es encender la luz de la inteligencia humana mediante el uso del sentido común.[14]

La confianza en uno mismo no es vanidad ni el subproducto de un ego inflado. Es la lente a través de la cual podemos vernos *como realmente somos*: seres humanos increíbles y capaces, con un potencial ilimitado de grandeza.

Aunque a menudo nuestra visión está nublada por la oscuridad de nuestras dudas, miedos y autocríticas, no debemos confundir esta visión confusa con la realidad. Para limpiar la suciedad que el mundo ha depositado en nuestro sentido del yo, debemos aprender a fundamentar nuestros pensamientos en la fe, de modo que podamos progresar significativamente en nuestro camino hacia el éxito y disfrutar de la libertad que aporta la paz mental. Estamos llamados a comprometernos en el profundo trabajo del autodescubrimiento para construir nuestra autoestima, identificando nuestros dones individuales y determinando cómo podemos utilizarlos para mejorar nuestras vidas y las de los demás.

> La confianza en uno mismo es mucho más que una cualidad o un rasgo: es un estado de ánimo.

Una vez que reconozcamos que ya poseemos recursos inestimables e inagotables para convertir nuestros sueños en realidad, podemos cultivar una fortaleza mental que garantice que la adversidad no nos desvíe de la consecución de nuestro objetivo principal definido.

Si tiene confianza en usted mismo, muchas cosas se acomodarán a su favor de manera natural. Creer en uno mismo y en su capacidad para triunfar en cualquier cosa que se proponga es un activo de valor incalculable que no se puede comprar a ningún precio. Saber que tiene una actitud innata de "sí se puede" le impide aceptar el fracaso como parte de su composición genética o de su destino.[15]

Como sugiere Hill, la confianza en uno mismo es una actitud de "sí se puede" que se aprovecha del entusiasmo, la fe y de una actitud mental positiva para apoyar la iniciativa personal. Es la mentalidad a través de la cual encontramos las semillas de la oportunidad, incluso en los momentos más difíciles. Con confianza en uno mismo,

¡Logrará más PORQUE SE ATREVERÁ A EMPRENDER MÁS! Se dará cuenta, posiblemente por primera vez en su vida, de que posee la capacidad de lograr cualquier cosa que DESEE LOGRAR. Se dará cuenta que su éxito en cualquier empresa dependerá poco de los demás y mucho ¡de USTED![16]

Cuando reconozca que puede cambiar sus circunstancias —que, independientemente de sus recursos materiales, tiene un activo inestimable en sus pensamientos, que puede dirigirse hacia la consecución de exactamente lo que quiere en la vida—, su motivación y su capacidad para lograr más en la vida mejorarán enormemente. Parafraseando a William Ernest Henley, se dará cuenta de que usted —y no "alguien o algo"— es el dueño de su destino y el capitán de su alma.[17] En su ensayo "Autosuficiencia", Emerson ofrece un consejo similar:

Confíe en usted mismo: todo corazón vibra en ese tono. Acepte el lugar que la divina providencia tiene para usted, la sociedad de sus contemporáneos, la conexión de los acontecimientos. Los grandes hombres lo han hecho siempre, y se han confiado infantilmente al genio de su época, traicionando su percepción de lo que, con absoluta confianza y dignidad, estaba asentado en su corazón, obrando a través de sus manos, predominando en todo su ser. Y ahora somos hombres, y debemos aceptar en la mente más elevada el mismo destino trascendente; y no como menores e inválidos en un rincón protegido, no como cobardes huyendo ante una revolución, sino como guías, redentores y benefactores, obedeciendo al esfuerzo todopoderoso, y avanzando sobre el caos y la oscuridad.[18]

Su destino para trascender le espera, pero debe aprender a valorarse y a confiar en usted mismo para actuar con valentía en su propósito principal definido, esa cuerda de hierro que vibra en lo más profundo de usted, estructurando sus deseos, intereses y metas. Su poder en la vida deriva del sentido de usted mismo, de su apreciación de sus capacidades únicas y de sus esfuerzos por desarrollarlas viviendo en consonancia con su propósito principal. Por lo tanto, cuando hace autocrítica o evita el autoexamen, renuncia a su poder sobre el caos y el fracaso.

LOS ENEMIGOS DE LA CONFIANZA EN UNO MISMO

Las imágenes musicales de Emerson en la cita anterior nos permiten apreciar las dimensiones físicas de la filosofía del éxito de Hill. Al explicar que nuestros pensamientos están hechos de vibraciones que, aunque invisibles, crean cambios en el mundo material, Hill subraya la importancia de dirigir esos pensamientos hacia fines constructivos. Según su teoría, "el éter está lleno de una forma de poder universal que se adapta a la naturaleza de los pensamientos que tenemos en nuestras mentes y nos influye, de forma natural, para transmutar nuestros pensamientos en su equivalente físico".[19] Al igual que la cuerda de un instrumento, que vibra según cómo se haya afinado, los impulsos de pensamiento de los seres humanos son vibraciones cuya frecuencia depende del tono en el que se hayan afinado. Si nuestros impulsos de pensamiento están afinados en tonos negativos, como las creencias limitantes y los miedos, armonizarán con otras energías negativas de la atmósfera. Por otro lado, cuando nuestros pensamientos se alinean con la cuerda de hierro de nuestro propósito principal definido y se centran en la certeza de nuestro éxito, entonces experimentamos la eufonía de la resonancia productiva.

Para la mayoría de las personas, la falta de confianza en uno mismo nos impide aprovechar el poder de nuestros impulsos de pensamiento. Esta escasa autoestima es el resultado de tres elementos interrelacionados: la preocupación, la desesperanza y el miedo. En la raíz de estos estados mentales está la programación que recibimos de nuestro entorno. Como dice Emerson, "la sociedad conspira en todas partes contra la virilidad de cada uno de sus miembros".[20] Dicho de otro modo: la sociedad no apoya la maduración de los individuos porque no fomenta la libertad de pensamiento ni la independencia en la acción. En lugar de motivar a hombres y mujeres para que actúen con audacia en su objetivo principal definido, los vuelve pasivos y sin rumbo. Hill subraya esta desafortunada realidad cuando declara:

¡La gran maldición de la época es el MIEDO o FALTA DE AUTOCONFIANZA! Una vez que se elimine este mal... ¡se verá transformándose rápidamente en una persona de FUERZA e INICIATIVA! Se verá rompiendo las filas de esa gran masa a la que llamamos SEGUIDORES, en la que ha estado flotando, ¡y pasará a la primera fila de esos pocos selectos a los que llamamos LÍDERES! EL

LIDERAZGO SÓLO VIENE A TRAVÉS DE LA CREENCIA SUPREMA EN UNO MISMO, ¡Y AHORA SABE CÓMO DESARROLLAR ESA CREENCIA![21]

El miedo inspira pasividad y disminuye la iniciativa personal. Cuando esta pasividad permite que las influencias negativas de nuestro entorno accedan a nuestra mente subconsciente, nos vemos arrastrados por una corriente que nos aleja cada vez más de nuestro propósito principal definido. Hill se pregunta:

¿Qué extraño temor es el que se introduce en la mente de los hombres y atasca su acercamiento a este poder secreto de su interior, y que cuando es reconocido y utilizado eleva a los hombres a grandes alturas de realización? ¿Cómo y por qué la inmensa mayoría de las personas del mundo se convierten en víctimas de un ritmo hipnótico que destruye su capacidad de utilizar el poder secreto de su propia mente? ¿Cómo se puede romper este ritmo?[22]

La *fuerza cósmica del hábito*, el principio natural al cual se hace referencia en estas líneas, puede funcionar para bien o para mal según si los pensamientos que replica son constructivos o destructivos. Nuestra vulnerabilidad ante la negatividad y las ideas equivocadas de los demás produce los mismos resultados que la hipnosis: nos adormecemos en un estado en el cual nos mostramos indefensos y exhibimos un comportamiento autodestructivo, que a su vez permite que los pensamientos destructivos se incrusten en nuestra mente subconsciente y trabajen junto con ella para convertirse en realidad. Dado que el ritmo hipnótico, cuando se utiliza mal, refuerza nuestra conciencia de fracaso y mina nuestra autoconfianza, Hill nos recomienda "mantener el MIEDO alejado de la mente consciente, como mantendríamos el veneno alejado de la comida, porque es la única barrera que se interpondrá entre nosotros y la autoconfianza".[23]

Dos de los "seis miedos básicos" de Hill son especialmente perjudiciales para la confianza en uno mismo: el miedo a la pobreza y el miedo a la crítica.[24] Esto se debe a que, además de ser un estado mental, la confianza en nosotros es un músculo: lo fortalecemos mediante el ejercicio, que viene en forma de fe activa en nuestras capacidades, nuestros valores y nuestros planes. Cuando dejamos que el miedo dirija nuestros pensamientos, el músculo de la confianza en uno mismo se atrofia. Por miedo al fracaso y al rechazo, evitamos rebatir las opiniones dominantes o emprender acciones que puedan "sacudir el barco". Permitimos que otros controlen cómo nos percibimos a nosotros mismos y al mundo que nos rodea.

El miedo y la preocupación también nos impiden reconocer que "cada fracaso lleva consigo la semilla de un éxito equivalente".[25]

Cuando nuestro estado mental es de miedo y preocupación, le damos poder al fracaso sobre nuestro futuro en lugar de utilizarlo como catalizador para el crecimiento y el progreso. No cabe duda de que el fracaso "quiebra la moral, destruye la confianza en uno mismo, subyuga el entusiasmo, embota la imaginación y aleja las definiciones de propósito".[26] Sin embargo, la mayoría de las experiencias que percibimos como fracaso no son más que derrotas temporales disfrazadas de fracaso; consolidamos la derrota como fracaso cuando la aceptamos. Considerar la adversidad como una oportunidad y no como una derrota nos permite desarrollar nuestra capacidad de recuperación, nuestra autosuficiencia y, por tanto, nuestra confianza en nosotros mismos. Al destruir nuestra fe, el miedo y la preocupación nos hunden en la desesperanza.

Ceder a las influencias negativas de nuestro entorno —permitir que se arraiguen en nuestra mente y disminuyan nuestro sentido de identidad— no sólo nos lleva a aceptar la derrota temporal como definitiva, sino que también destruye nuestra capacidad de tomar decisiones y de actuar para crear un cambio positivo en nuestra vida. "Todas las decisiones requieren valentía, es decir, confianza en uno mismo para afrontar las consecuencias de nuestras elecciones".[27] La indecisión es el estado general de la humanidad, y por eso es por lo cual tan pocos viven los sueños que tienen para sí mismos. Para construir la confianza en uno mismo, como descubriremos en el resto del libro, debemos actuar con decisión.

Ahora se encuentra en el camino hacia una vida segura y con propósito. Con el apoyo de los principios descritos en los capítulos siguientes, encontrará seguridad en el poder de su objetivo principal definido y las herramientas para crear una mentalidad preparada para identificar y aceptar las oportunidades que le esperan.

PUNTOS CLAVE

🔑 La confianza en uno mismo es más que una cualidad o un rasgo. Es...

- ✓ un estado mental a través del cual encontramos oportunidades

- ✓ una actitud de "sí se puede" que apoya la iniciativa personal

- ✓ un músculo que debe ejercitarse para mantener su fuerza

- ✓ la cuerda de hierro a en la que vibra su auténtico yo

🔑 Cuando sintonizamos con canales negativos de pensamiento, nos desalineamos con nuestro propósito principal definido.

🔑 La preocupación, la desesperanza y el miedo, sobre todo el miedo a la crítica y a la pobreza, merman la confianza en uno mismo. Por miedo al rechazo y al fracaso, permitimos que otros controlen cómo nos percibimos a nosotros mismos y al mundo que nos rodea.

🔑 Considerar la adversidad como una oportunidad, y no como un fracaso, nos permite desarrollar nuestra capacidad de recuperación, nuestra autoconfianza y, por tanto, nuestra seguridad en nosotros mismos.

Usted logrará vivir con confianza y determinación cuando...

CULTIVE UN ESTADO MENTAL
PARA SUPERAR EL MIEDO

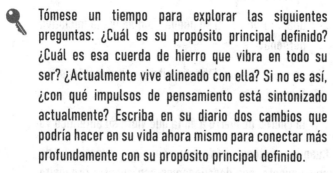 Tómese un tiempo para explorar las siguientes preguntas: ¿Cuál es su propósito principal definido? ¿Cuál es esa cuerda de hierro que vibra en todo su ser? ¿Actualmente vive alineado con ella? Si no es así, ¿con qué impulsos de pensamiento está sintonizado actualmente? Escriba en su diario dos cambios que podría hacer en su vida ahora mismo para conectar más profundamente con su propósito principal definido.

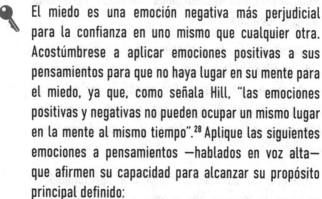 El miedo es una emoción negativa más perjudicial para la confianza en uno mismo que cualquier otra. Acostúmbrese a aplicar emociones positivas a sus pensamientos para que no haya lugar en su mente para el miedo, ya que, como señala Hill, "las emociones positivas y negativas no pueden ocupar un mismo lugar en la mente al mismo tiempo".[28] Aplique las siguientes emociones a pensamientos —hablados en voz alta— que afirmen su capacidad para alcanzar su propósito principal definido:

✓ deseo

✓ fe

- ✓ amor
- ✓ sexo
- ✓ entusiasmo
- ✓ romance
- ✓ esperanza

Ensaye estas afirmaciones hasta que pueda retener su deseo principal en su mente sin que ninguna emoción negativa se adhiera a él.

En el contexto de un grupo de estudio, comparta su propósito principal definido y las emociones positivas que experimenta cuando centra sus pensamientos en él. Hable también de las influencias y emociones negativas que están destruyendo su fe en la capacidad para realizarlo. Como grupo, ayúdense mutuamente a desmentir los mitos y las ideas erróneas que restringen el progreso y limitan la alegría.

CAPÍTULO 2

GANANDO PODER A TRAVÉS DE SU CÍRCULO ÍNTIMO

Estamos en el regazo de una inteligencia inmensa que nos hace receptores de su verdad y órganos de su actividad.

—Ralph Waldo Emerson, "Autonomía"

Una de las razones por las cuales tantas personas no consiguen reclamar la abundancia que les está reservada es que han desarrollado un complejo de inferioridad, una percepción incorrecta de sí mismas haciéndoles creer que son "menos que" otras personas, menos capaces, menos valiosas y, por tanto, menos merecedoras. Nada más lejos de la realidad. Ningún ser humano es mejor que otro. En esta misma línea, la trayectoria de una persona en la vida no está determinada por las ventajas o desventajas con las que haya nacido. Independientemente de sus habilidades, conocimientos, educación y situación económica, cualquier persona puede alcanzar el éxito si crea un entorno que mejore su potencial.

RECONCEPTUALIZANDO LA EDUCACIÓN

Algunos individuos con complejo de inferioridad utilizan la falta de educación formal como coartada para justificar su falta de objetivos. Pero, como Hill señala a menudo, el tipo de conocimiento que se imparte en las escuelas —el conocimiento general— no es especialmente útil para crear éxito. Sólo el *conocimiento especializado* —conocimiento organizado y dirigido hacia un fin definido— se convierte en poder, y puede adquirirse por medios ajenos a la escolarización formal. Hill enumera cinco fuentes principales de conocimiento especializado:

1. Experiencia personal y educación formal previa

2. La experiencia y la capacitación de los demás (su grupo de mentes maestras)

3. Colegios y universidades

4. Bibliotecas públicas

5. Cursos especiales de capacitación[29]

Las titulaciones por sí solas "no representan más que conocimientos varios", pero si se requieren conocimientos especializados para llevar a cabo su propósito principal definido, entonces puede buscar información fiable en los lugares de conocimiento enumerados anteriormente.[30] Para aumentar sus conocimientos especializados, Hill recomienda los siguientes pasos:

1. Identificar las lagunas en sus conocimientos.

2. Determinar la finalidad para la cual desea los conocimientos.

3. Descubrir dónde puede obtener los conocimientos de fuentes fiables.[31]

Complementar los conocimientos por estos medios puede aumentar la confianza en usted mismo, motivándolo a levantar la cabeza lo suficiente para que la oportunidad o vea y o reconozca. Además, cuando se compromete a desarrollar sus recursos mentales mediante el estudio y el crecimiento personal continuos, puede resistir la tentación de caer en la autocomplacencia y encontrar la motivación para seguir subiendo peldaños en la escalera hacia el éxito.

Dado que el conocimiento es fácilmente accesible desde lugares distintos a las meras instituciones formales de aprendizaje, las personas nunca deben sentirse limitadas por no poseer un determinado título o certificación. Una persona verdaderamente culta, dice Hill, "es aquella que ha desarrollado de tal modo las facultades de su mente que puede adquirir cualquier cosa que desee, o su equivalente, sin violar los derechos de los demás".[32] Reconozca que cualquier conocimiento del que carezca puede obtenerlo por medios alternativos. Como confirma Hill, "es culto todo hombre que sabe dónde obtener conocimientos cuando los necesita y cómo organizar esos conocimientos en planes de acción definidos".[33]

La educación no se trata de lo que sabe, sino de ser capaz de localizar lo que necesita saber, cuando lo necesita saber.

> La educación no se trata de que sabe, sino de ser capaz de localizar lo que necesita saber, cuando lo necesita saber.

LA UNIÓN HACE LA FUERZA: EL PRINCIPIO DE LAS MENTES MAESTRAS

Además de consultar otras fuentes de conocimientos especializados, puede utilizar el principio de la mente maestra para desmantelar un complejo de inferioridad derivado de la falta de educación formal o de una falta de experiencia. Este principio establece que "el esfuerzo organizado se produce a través de la coordinación del esfuerzo de dos o más personas, que trabajan hacia un fin definido, en un espíritu de armonía".[34] El poder es simplemente conocimiento organizado y esfuerzo coordinado, dos características de un grupo de mentes maestras. Al aliarse con personas cuyos conocimientos especializados complementan —y no reproducen— los suyos, puede potenciar su poder y aumentar la confianza en usted mismo. Como afirma Hill: "los hombres adoptan la naturaleza, los hábitos y el PODER DE PENSAMIENTO de aquellos con los que se asocian en un espíritu de simpatía y armonía".[35]

Henry Ford conocía el valor del principio de la mente maestra. No cursó ni siquiera sexto de primaria y, sin embargo, hoy nadie se atrevería a cuestionar su inteligencia o capacidad. Pero en 1916, sus conocimientos fueron literalmente puestos a prueba. Un periódico de Chicago lo tildó de "pacifista ignorante" en un editorial y, en respuesta, Ford demandó al periódico por difamación. Durante el juicio le hicieron una serie de preguntas sobre historia para demostrar su ignorancia, muchas de las cuales no pudo responder. Irritado por la irrelevancia del interrogatorio, Ford declaró que con una llamada telefónica podría encontrar la respuesta a cualquier pregunta que le hicieran, porque tenía socios y aliados que podían proporcionarle información que iba más allá de sus conocimientos.

Ford no se avergonzaba de sus lagunas de conocimiento, sino que las consideraba sus puntos fuertes. Su concentración láser en la información más necesaria para sus objetivos le impedía saturar su mente con conocimientos que podía encontrar en otra parte. Mientras supiera exactamente dónde podía obtener la información que necesitaba en el momento en que la necesitaba, su supuesta ignorancia nunca le frenaría. Según Hill, "todos los presentes en la sala se dieron cuenta de que no era la respuesta de un ignorante, sino la de un hombre de EDUCACIÓN... Gracias a la ayuda de su grupo "de mentes maestras", Henry Ford tenía a su disposición todos los conocimientos especializados que necesitaba para convertirse en uno de los hombres más ricos de América".[36]

Andrew Carnegie también comprendió las ventajas del principio de las mentes maestras y lo citó como una de las principales razones de su éxito. Aunque no sabía nada de la parte técnica del negocio del acero —y lo que es más, no quería saber nada al respecto—, adquirió los conocimientos especializados necesarios para fabricar y comercializar acero a través de los miembros de su alianza de mentes maestras. Veamos estos dos ejemplos:

> No debe tener complejo de inferioridad simplemente porque no tiene todo el conocimiento especializado que pueda necesitar del servicio o mercancía que pretende ofrecer para su fortuna. Si necesita o desea más, puede cultivarlo a través de su grupo de mentes maestras.[37]

Formar un grupo de mentes maestras es clave para superar sus debilidades y potenciar sus fortalezas, aumentando su poder personal y su capacidad para transmutar sus deseos en realidad.

ELIMINANDO A LOS CRÍTICOS DE SU CÍRCULO ÍNTIMO

Un grupo de mentes maestras lo apoyará en sus esfuerzos profesionales, pero también necesita una red de apoyo en su vida personal. Debe prestar mucha atención a cómo construye su círculo íntimo, porque este grupo de individuos afecta profundamente su confianza en sí mismo. Como explica Hill, "la mayoría de las personas permiten que sus familiares, amigos y el público en general les influyan de tal modo que no puedan vivir su propia vida porque le temen a las críticas".[38] Incluso quienes tienen una opinión positiva de sí mismos están sujetos a los efectos nocivos de los detractores. Hill razona:

Si todas las personas con las que se cruzara hoy le dijeran que tiene mal aspecto, tendría que ir al médico antes de que se hiciera de noche. Si las tres siguientes personas con las que hablara hoy le dijeran que tiene mal aspecto, empezaría a sentirse mal.

Por otro lado, si todas las personas que ve hoy le dijeran lo simpático que es, eso le haría creer en sí mismo. Si su jefe le felicitara cada día y le dijera lo bien que trabaja, le haría creer en usted mismo. Si sus compañeros de trabajo le dijeran cada día que está haciendo un mejor trabajo, eso le haría tener más confianza en sí mismo.[39]

Al igual que ocurre con los pensamientos que plantamos intencionadamente en nuestro subconsciente, los pensamientos que recogemos de nuestro entorno se incrustan en nuestra psique, dañando nuestro sentido del yo. Como se analizará más a fondo en el quinto capítulo, este proceso comienza en la infancia, cuando los miembros de nuestra familia y nuestros allegados nos enseñan a cultivar no la confianza en nosotros mismos, sino los miedos y las limitaciones. Según Hill, "demasiadas personas se niegan a fijar metas altas, o incluso a elegir una carrera, porque le teman a las críticas de sus parientes y 'amigos', que pueden decirles: 'no apuntes tan alto, la gente pensará que estás loco'"[40].

A menudo, las críticas y advertencias que recibimos proceden de personas bien intencionadas, pero, en este caso, la motivación importa menos que el impacto. Llevamos la carga de las críticas con nosotros durante la adolescencia y la edad adulta, y nunca nos arriesgamos a realizar nuestros sueños porque actuamos con una mentalidad de fracaso y tememos quedar como ridículos ante nuestros amigos y seres queridos. Al interiorizar la negatividad que nos transmite nuestro círculo íntimo, satisfacemos las bajas expectativas que los demás tienen de nosotros aceptando la mediocridad en lugar de actuar con valentía para alcanzar nuestro gran propósito.

Incluso con la firme base de autoestima que le proporcionó su madrastra, Hill luchaba a veces con este ciclo destructivo de baja confianza en sí mismo e inacción derivada del miedo a las críticas. Como él mismo cuenta:

Cuando Andrew Carnegie me sugirió que dedicara veinte años a la organización de una filosofía del logro individual, mi primer impulso de pensamiento fue el miedo al qué dirán. La sugerencia me impuso un objetivo muy desproporcionado en comparación con cualquier otro que hubiera concebido jamás. Inmediatamente, mi mente empezó a crear coartadas y excusas, todas ellas atribuibles al miedo a la crítica inherente. Algo dentro de mí me decía: "no puedes hacerlo, el trabajo es demasiado grande y requiere demasiado tiempo, ¿qué pensarán de ti tus parientes?, ¿cómo te ganarás la vida?, nadie ha organizado nunca una filosofía del éxito, ¿qué derecho tienes a creer que puedes hacerlo?, ¿quién eres tú para apuntar tan alto?, recuerda tu humilde nacimiento, ¿qué sabes tú de filosofía?, la gente pensará que estás loco (y así fue), ¿por qué no lo ha hecho otra persona antes?

Las preocupaciones de Hill revelan cómo la conciencia de sí mismo sobre sus humildes comienzos en un pueblo de montaña del condado de Wise, Virginia, donde el analfabetismo y la insolvencia eran la norma, se combinó con el miedo a las críticas de su círculo íntimo para amenazar con destruir sus sueños antes de que los llevara a la práctica.

Seguro que todos hemos experimentado un diálogo interior autodestructivo similar a éste. En un momento u otro, es probable que nos hayamos hecho la misma pregunta: "¿quién te crees que eres?", al imaginar una vida de prosperidad. Al recordar cómo nuestros seres queridos han reaccionado de forma negativa o incrédula ante nuestros elevados objetivos, mantenemos el statu quo y "nos alineamos" en lugar de trazar un nuevo rumbo hacia la abundancia. El miedo a las críticas de nuestro círculo íntimo es tan destructivo que "le roba al hombre su iniciativa, destruye su poder de imaginación, limita su individualidad, le quita la confianza en sí mismo y le hace daño de cien maneras más".[42] Conduce a la timidez, la falta de aplomo, una personalidad débil, la indecisión, la falta de iniciativa, la falta de ambición, el complejo de inferioridad y muchos otros males.

Aunque no podemos elegir a nuestros padres, hermanos y, hasta cierto punto, a nuestros supervisores y compañeros de trabajo, podemos contrarrestar su negatividad filtrando la información que recibimos de ellos y reuniendo un círculo interno que nos apoye en la persecución de nuestro objetivo principal definido. Al igual que con nuestro grupo de mentes maestras, debemos buscar personas que tengan una actitud mental positiva, que no consideren la derrota como algo definitivo y que fomenten la libertad de pensamiento. Cuando nos rodeamos de personas que nos motivan en nuestro camino hacia el éxito porque tienen fe en nuestras capacidades, nuestra autoconfianza se multiplica exponencialmente. Porque "todos necesitamos a alguien que crea en nosotros y nos motive".[43]

Con la ayuda de un grupo de mentes maestras y un círculo interno edificante, podemos superar nuestro complejo de inferioridad y atraer mayor inspiración y oportunidades a nuestras vidas. Pero aunque el apoyo de los demás es importante, nuestro éxito final depende de nuestra propia fe en nuestra capacidad para alcanzar nuestro objetivo principal definido. Como escribe Hill: "crea en usted mismo si quiere que los demás crean en usted. Espere tener éxito si quiere que los demás lo esperen de usted. El mundo lo acepta más o menos según su propia valoración, así que póngase una meta muy alta".[44]

PUNTOS CLAVE

🔑 Ningún ser humano merece más que otro el éxito o la felicidad.

🔑 Un complejo de inferioridad es como un espejo empañado: límpiele la suciedad y podrá verse como realmente es. Reconozca que no se define por...

- ✓ su educación
- ✓ su conocimiento
- ✓ su experiencia

🔑 Cualquier persona puede alcanzar el éxito si crea un entorno que aumente su potencial. Los dos medios principales para apoyar el crecimiento personal y profesional son (1) dedicarse a la lectura y capacitación continuas y (2) perfeccionar su círculo íntimo (tanto su grupo de mentes maestras como sus asociaciones personales cercanas).

🔑 El conocimiento **general**, o el aprendizaje de libros, no contribuye automáticamente al éxito. Sólo el conocimiento **especializado**, o el conocimiento organizado y dirigido hacia un fin definido, se convierte en poder. Hay cinco fuentes principales para adquirir conocimientos especializados:

- ✓ experiencia personal y educación formal previa

✓ la experiencia y capacitación de los demás (su grupo de mentes maestras)

✓ colegios y universidades

✓ bibliotecas públicas

✓ cursos especiales de capacitación

La educación se trata de lo lo que sabe; sino de ser capaz de localizar lo que necesita saber cuando necesita saberlo. Aumente sus conocimientos especializados...

✓ identifique las lagunas en sus conocimientos

✓ determine la finalidad para la que desea los conocimientos

✓ descubra dónde puede obtenerse de fuentes fiables

Cree un grupo de mentes maestras invitando a personas cuyas habilidades, conocimientos y experiencia complementen —no repliquen— los suyos, que fomenten la libertad de pensamiento y que no acepten la derrota temporal como definitiva.

Haga todo lo posible por eliminar a los críticos y detractores de su círculo íntimo. Incluso las bromas pueden sembrar pensamientos destructivos en nuestro subconsciente, y que éstos sean el fruto de una baja autoestima.

El apoyo de los demás es importante, pero el elemento más crítico es creer en uno mismo. El mundo sólo esperará grandeza de usted si usted también la espera.

Una red de apoyo y conocimientos especializados serán suyos cuando...

CULTIVE UN ESTADO MENTAL
PARA GANAR PODER

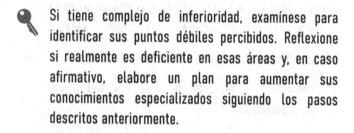

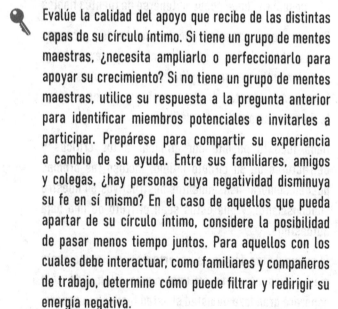 Si tiene complejo de inferioridad, examínese para identificar sus puntos débiles percibidos. Reflexione si realmente es deficiente en esas áreas y, en caso afirmativo, elabore un plan para aumentar sus conocimientos especializados siguiendo los pasos descritos anteriormente.

Evalúe la calidad del apoyo que recibe de las distintas capas de su círculo íntimo. Si tiene un grupo de mentes maestras, ¿necesita ampliarlo o perfeccionarlo para apoyar su crecimiento? Si no tiene un grupo de mentes maestras, utilice su respuesta a la pregunta anterior para identificar miembros potenciales e invitarles a participar. Prepárese para compartir su experiencia a cambio de su ayuda. Entre sus familiares, amigos y colegas, ¿hay personas cuya negatividad disminuya su fe en sí mismo? En el caso de aquellos que pueda apartar de su círculo íntimo, considere la posibilidad de pasar menos tiempo juntos. Para aquellos con los cuales debe interactuar, como familiares y compañeros de trabajo, determine cómo puede filtrar y redirigir su energía negativa.

En el contexto de un grupo de estudio, comparta sus planes para adquirir conocimientos especializados y crear una red de apoyo. Intercambie recomendaciones sobre medios adicionales para obtener poder a través de los canales identificados en este capítulo.

CAPÍTULO 3

CÓMO CONDICIONAR LA MENTE PARA
RECONOCER LAS OPORTUNIDADES

Todo depende de usted mismo. Nada puede
mantenerle aprisionado si desea ascender.

—**Napoleón Hill**, El camino hacia el éxito

Aunque no podamos controlar por completo el tenor de
nuestro entorno, sí podemos determinar el efecto que tiene
en nuestra actitud y en nuestro sentido de identidad. En
consecuencia, una de las cosas más importantes que podemos
hacer para asegurarnos el éxito en la vida es aumentar continuamente nuestra confianza en nosotros mismos. Al fin y al cabo,
"las oportunidades no vendrán a usted a menos que tenga una

opinión de usted mismo lo suficientemente grande como para aprovecharlas".[45]

La confianza en uno mismo también es la clave de nuestra capacidad para perseverar en tiempos difíciles. Hill revela que "el fracaso es una circunstancia creada por el hombre. Nunca es real hasta que el hombre lo acepta como permanente". Dicho de otro modo, el fracaso es un estado mental, por lo tanto es algo que un individuo puede controlar hasta que negarsea a ejercer este privilegio".[46] El estado mental contrario al fracaso es la confianza en uno mismo. Como dice Carnegie a Hill: "La confianza es un estado mental necesario para tener éxito, y el punto de partida para desarrollar la confianza en uno mismo es la determinación de un propósito".[47] Este capítulo ofrece estrategias específicas para cultivar un fuerte sentido de la autoestima, de modo que pueda reconocer mejor las oportunidades y mejorar su capacidad de recuperación.

SIÉNTASE ORGULLOSO DE SU PROPÓSITO Y SU RENDIMIENTO

Para aumentar la confianza en usted mismo, primero debe hacer un inventario de sus puntos fuertes y contribuciones y recordar su valor inherente. Como nos dice Hill:

> No se compadezca de sí mismo. No disminuya su propio valor a sus propios ojos. Tenga confianza en sí mismo. Es la persona más importante del mundo. Puede ser lo que quiera ser. Nadie puede hacer tanto por usted como usted mismo. Todo depende de usted.[48]

Independientemente de si el trabajo que realiza actualmente es digno de elogio a los ojos del mundo o es el tipo de trabajo que se imaginaba haciendo, mientras no esté violando los derechos de los demás, debería encontrar motivos para sentirse orgulloso de él.

Todo el poder de un hombre reside en sí mismo, y el primer deber de un hombre es consigo mismo. Al cumplir fielmente ese deber, no puede dejar de dejar su impronta en la sociedad en la que se mueve, no puede dejar de elevar el nivel de su entorno y de dignificar todo lo que le rodea.

Puede que sólo sea uno de los cientos o miles de trabajadores de una gran empresa. Sus obligaciones inmediatas pueden parecer monótonas y triviales. No hay ningún incentivo aparente para el entusiasmo o el orgullo personal. Sea usted mismo y muéstrese. Su trabajo siempre será lo que usted quiere que sea, siempre será lo que se merece. No es su trabajo, no es su sueldo, ni sus condiciones, ni sus perspectivas, es USTED.[49]

Desempeñe su trabajo con diligencia y entusiasmo, reconociendo que los pequeños esfuerzos se combinan para crear grandes resultados con el tiempo. Enorgullézcase de su trabajo dedicándole toda su atención y cuidando su imagen. Tenga en cuenta que esto no es una invitación a la autocomplacencia y a nunca intentar mejorar su posición; es una directriz para dar a cada posición, independientemente de su conveniencia, toda la energía y el esfuerzo que pueda.

> El mundo está llamando a las personas que piensan bien de sí mismos, lo suficientemente bien como para dignificarse haciendo cada tarea de manera eficiente.... Hay un puesto esperándole, pero debe mostrarse digno de él haciendo tan bien su trabajo actual que su capacidad se muestre desbordante. Alguien lo verá y lo utilizará.[50]

Las oportunidades no le llegarán a menos que tenga una opinión de usted mismo lo suficientemente buena como para aprovecharlas.

Veamos el ejemplo de Edwin C. Barnes, un hombre con pocos medios y sin contactos que deseaba ardientemente convertirse en socio de Thomas Edison. Sin recursos económicos ni siquiera para viajar por ferrocarril hasta el laboratorio de Edison en Orange (Nueva Jersey), Barnes viajó hasta allí en un tren de mercancías y declaró su intención de trabajar con el célebre inventor. Impresionado por la determinación de Barnes, Edison lo contrató, pero no como socio comercial, sino para un trabajo de poca categoría que habría desanimado a cualquier persona normal. Barnes, en cambio, se planteó el trabajo como una oportunidad para demostrar y desarrollar sus puntos fuertes. Y cuando se le presentó la oportunidad de ofrecer sus servicios como vendedor de un nuevo aparato de oficina que otros consideraban difícil de vender, Barnes la aprovechó. Tuvo tanto éxito vendiendo el aparato que Edison le invitó a asociarse para distribuirlo y comercializarlo por todo el país. De la misma forma que Barnes aumentó su confianza en sí mismo gracias a un puesto de principiante, cualquiera que sienta placer y orgullo por su trabajo y busque continuamente añadirle valor encontrará el éxito.

CONSTRUYENDO LA FE MEDIANTE LA LEY DE LA AUTOSUGESTIÓN

A medida que "vamos más allá" de nuestro estado actual, encontrando valor en nosotros mismos dentro y fuera de nuestro trabajo, también debemos condicionar nuestra mente para mantener un estado de fe. Al fin y al cabo, "somos lo que somos gracias a las vibraciones del pensamiento que captamos y registramos a través de los estímulos de nuestro entorno cotidiano".[51] Al controlar los estímulos que llegan a nuestro subconsciente y protegerlo de los pensamientos destructivos, permitimos que surta efecto el principio de autosugestión, que incita a la mente subconsciente a encontrar planes prácticos para hacer realidad nuestro principal deseo. Así pues, la confianza en uno mismo y la fe están inextricablemente entrelazadas: debemos creer en nuestro valor y capacidad para reconocer no sólo la viabilidad, sino la *certeza* de nuestro éxito; lo que nos falta son simplemente los planes adecuados para alcanzar el objetivo principal definido. Esta interrelación explica por qué Hill no ofrece una receta para la fe, sino una fórmula para la confianza en uno mismo.

FÓRMULA DE LA AUTOCONFIANZA

Primero: sé que tengo la capacidad de alcanzar el objeto de mi Propósito Definido en la vida, por lo tanto, EXIJO de mí mismo una acción persistente y continua hacia su logro, y prometo aquí y ahora realizar dicha acción.

Segundo: me doy cuenta que los pensamientos dominantes de mi mente eventualmente se reproducirán en una acción física externa, y gradualmente se transformarán en una realidad física, por lo tanto, concentraré mis pensamientos durante treinta minutos diarios en la tarea de pensar en la persona en la que pretendo convertirme, creando así en mi mente una imagen mental clara de esa persona.

Tercero: sé, por el principio de la autosugestión, que cualquier deseo que sostenga persistentemente en mi mente buscará eventualmente expresión a través de algún medio práctico de alcanzar el objeto que lo inspira, por lo tanto, dedicaré diez minutos diarios a exigirme a mí mismo el desarrollo de la AUTOCONFIANZA.

Cuarto: he escrito claramente una descripción de mi PRINCIPAL OBJETIVO DEFINITIVO en la vida, y no dejaré de intentarlo hasta que haya desarrollado la suficiente confianza en mí mismo para alcanzarlo.

Quinto: soy plenamente consciente de que ninguna riqueza o posición puede durar mucho tiempo, a menos que se construya sobre la verdad y la justicia, por lo tanto, no participaré en ninguna transacción que no beneficie a todos aquellos a quienes afecta. Tendré éxito atrayendo hacia mí las fuerzas que deseo utilizar y la cooperación de otras personas. Induciré a los demás a servirme, por mi voluntad de servir a los demás. Eliminaré el odio, la envidia, los celos, el egoísmo y el cinismo, al desarrollar el amor por toda la humanidad, porque sé que una actitud negativa hacia los demás nunca podrá traerme el éxito. Haré que los demás crean en mí, porque yo creeré en ellos y en mí mismo.

Firmaré esta fórmula con mi nombre, la memorizaré y la repetiré en voz alta una vez al día, con plena FE en que influirá gradualmente en mis PENSAMIENTOS y ACCIONES para que me convierta en una persona autosuficiente y con éxito.[52]

Aplicar esta fórmula todos los días le permitirá visualizar cada vez con mayor claridad cómo será alcanzar su propósito principal definido. Cuanto más vívida sea esta imagen mental, mayor será su confianza en sí mismo, lo cual, a su vez, le permitirá identificar mejor las ventajas que de otro modo podrían pasar desapercibidas.

> Sin potenciar su autoconfianza, es posible que no reconozca o incluso que ignore un plan que se le presente. Pero con esta fórmula, cuando surge una oportunidad, su mente consciente es alertada de lo que su mente inconsciente ha sido condicionada a descubrir.[53]

Se trata de combinar el principio de autosugestión con el principio de concentración. La concentración intensa en el objetivo principal definido hace que el principio de autosugestión actúe sobre la mente subconsciente, que utiliza la imagen mental como modelo para sus procesos. Una versión anterior de la fórmula de la autoconfianza, derivada de las conferencias de Hill de 1917, recomienda no sólo escribirla y pronunciar las palabras en voz alta, sino también emplear la ayuda de un espejo para potenciar los efectos de la concentración:

MÍRENSE DIRECTAMENTE A LOS OJOS, COMO SI FUERAN OTRA PERSONA, Y HABLEN CON VEHEMENCIA. Si hay algún sentimiento de falta de valor, sacudan el puño frente a la cara de esa persona que ven en el cristal y hagan que se avergüence de sí misma.

Pronto verán cómo las arrugas de sus rostros empiezan a cambiar, de una expresión de debilidad a una de fuerza. Empezarán a ver fuerza y belleza en ese rostro que antes no veían, y esta maravillosa transformación será igualmente perceptible para los demás.[54]

Con el poder de la autosugestión de su lado, pronto se convertirá en la persona que pretende ser, sin restar valor a la persona que es ahora mismo.

Complementar la fórmula de la autoconfianza con afirmaciones positivas diarias puede reforzar la resistencia de la mente frente a las dudas.

Una vez que estas afirmaciones se conviertan en habituales y esten fuertemente arraigadas en nuestro subconsciente, podremos recurrir a ellas a voluntad para fortalecernos y protegernos contra cualquier cosa que pueda minar la confianza en nosotros mismos. Muchas veces, sólo con recordar un momento del pasado en el que fuimos ejemplares al abordar un asunto o actuamos de forma poderosa, podemos invocar ese mismo sentimiento emocional y revivirlo para producir otro resultado positivo.[55]

Al combinar la definición de propósitos, una actitud mental positiva, la fe, la autosugestión y la concentración para cultivar un estado mental perpetuo de confianza en uno mismo, tendrá una enorme ventaja en todos sus esfuerzos, y hará que el fracaso sea casi imposible.

PUNTOS CLAVE

La confianza en uno mismo es antitética al fracaso. Como la define Andrew Carnegie para Hill: "la confianza es un estado mental, necesario para triunfar, y el punto de partida para desarrollar la confianza en uno mismo es la firmeza de propósito."

Aumente su confianza en sí mismo para poder reconocer mejor las oportunidades...

✓ haga un inventario de sus puntos fuertes y sus contribuciones

✓ ponga cuidado en su autopresentación

✓ vaya más allá

✓ condicione su mente para mantener un estado de fe

Visualice regularmente la experiencia de alcanzar su objetivo principal definido. Cuanto más vívida sea su imagen mental, más fuerte será su fe, y esto aumentará la probabilidad de su éxito.

El progreso y la resistencia serán suyos cuando...

CULTIVE UN ESTADO MENTAL
PARA RECONOCER LAS OPORTUNIDADES

✓ Haga un inventario de sus puntos fuertes y sus aportaciones: escriba al menos diez. Si le cuesta identificar tantos, pida a sus allegados que le ayuden a identificar otras cualidades positivas. Repase la lista a diario para recordar su valor.

✓ Utilice la fórmula de la autoconfianza que se reproduce en este capítulo para desarrollar y aumentar la confianza en sí mismo. Repítala en voz alta una vez al día con plena confianza de que influirá progresivamente en sus pensamientos y acciones hasta que alcance su objetivo principal definido.

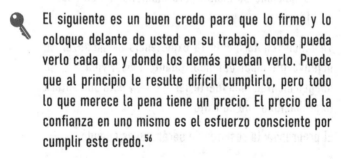 El siguiente es un buen credo para que lo firme y lo coloque delante de usted en su trabajo, donde pueda verlo cada día y donde los demás puedan verlo. Puede que al principio le resulte difícil cumplirlo, pero todo lo que merece la pena tiene un precio. El precio de la confianza en uno mismo es el esfuerzo consciente por cumplir este credo.[56]

Creo en mí mismo. Creo en quienes trabajan conmigo. Creo en mi jefe. Creo en mis amigos. Creo en mi familia. Creo que Dios me prestará todo lo que necesite para triunfar si hago todo lo posible por ganármelo a través de un servicio fiel, eficiente y honesto. Creo en la oración y nunca cerraré los ojos mientras duermo sin pedir la guía divina para ser paciente con los demás y tolerante con los que no piensan como yo. Creo que el éxito es el resultado de un esfuerzo inteligente y no depende de la suerte, de las malas artes o de traicionar a amigos, compañeros de trabajo o a mi jefe. Creo que obtendré de la vida exactamente lo que ponga en ella, por lo tanto tendré cuidado de comportarme con los demás de la misma forma que pretendo que ellos actúen conmigo. No calumniaré a los que no me caen bien, no menospreciaré mi trabajo por mucho que vea que otros lo hacen. Prestaré el mejor servicio que esté en mí porque me he comprometido a triunfar en la vida y sé que el éxito es siempre el resultado de un esfuerzo concienzudo. Por último, perdonaré a quienes me ofendan porque sé que a veces ofenderé a otros y necesitaré su perdón.

(Firmado)

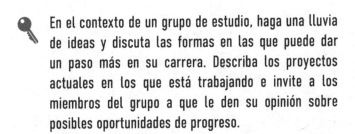

En el contexto de un grupo de estudio, haga una lluvia de ideas y discuta las formas en las que puede dar un paso más en su carrera. Describa los proyectos actuales en los que está trabajando e invite a los miembros del grupo a que le den su opinión sobre posibles oportunidades de progreso.

CAPÍTULO 4

CONSTRUIR LA FE A TRAVÉS DE LA ACCIÓN

Hazlo, y tendrás el poder.

—Ralph Waldo Emerson, "Compensación"

U na vez que haya ampliado su poder a través de la alianza con las mentes maestras y de su red personal y haya condicionado su mente para operar en un estado de fe, se encontrará con el componente más crucial para desarrollar la confianza en sí mismo: *la acción*. La naturaleza de sus pensamientos importa poco, a menos que tomen forma de planes organizados y se solidifiquen en acciones. A través de la acción, puede erradicar los miedos y las dudas que amenazan con mermar la confianza en sí mismo y aumentar su autoestima. Al pasar a la acción con valentía para alcanzar su objetivo principal, descubrirá la fuerza inextinguible de su ser, la potencia de sus esfuerzos y su capacidad para superar obstáculos.

Durante su entrevista de 1908, Andrew Carnegie compartió con Hill que la confianza en uno mismo era uno de los ingredientes más cruciales para el éxito. Según explicó a Hill, ningún obstáculo o desventaja —pobreza, falta de educación, ausencia de una red de apoyo— podía interponerse en el camino de alguien con un fuerte sentido de la autoestima. En consecuencia, la regla cardinal de la filosofía de Carnegie sobre el logro personal era desarrollar la confianza en uno mismo actuando sobre un plan definido de logro. Afirma:

El hombre que sabe exactamente lo que quiere, tiene un plan definido para conseguirlo y se dedica realmente a llevar a cabo su plan, pronto creerá que tiene la capacidad en sí mismo para triunfar. El hombre que deja las cosas para más tarde pronto pierde la confianza y hace poco o nada que merezca la pena.[57]

La acción evita la deriva, que lleva a las personas por el camino de la inseguridad y el desprecio de sí mismas. Nos sentimos bien con nosotros mismos cuando perseguimos un objetivo noble. El progreso es realmente estimulante. Con cada hito que alcanzamos en nuestro camino hacia el éxito, experimentamos un renovado sentimiento de orgullo y satisfacción. Cuando celebramos nuestras victorias, nos sentimos más seguros de nuestro propósito, más seguros de quiénes estamos destinados a ser. Por lo tanto, es crucial que aprendamos a aplicar nuestro poder a través de la acción.

> El progreso es realmente estimulante.

ACTÚE Y LA FE LE SEGUIRÁ

La inacción debilita nuestra determinación, merma nuestra capacidad creativa y nos predispone a dudar de nosotros mismos. Esto se debe a que "la indecisión se cristaliza en la DUDA" y "las dos se mezclan y se convierten en MIEDO".[58] La decisión, por el contrario, aumenta la confianza en nosotros mismos y eleva nuestra mente a un plano superior de funcionamiento, y, por eso, nuestros pensamientos son más propensos a atraer a la inspiración y a la oportunidad. Como explica Hill:

> Los que toman DECISIONES con prontitud y firmeza saben lo que quieren y, por lo general, lo consiguen. Los líderes en todos los ámbitos de la vida DECIDEN con rapidez y firmeza. Esa es la razón principal por la cual son líderes. El mundo tiene la costumbre de dar cabida al hombre cuyas palabras y acciones demuestran que sabe adónde va.[59]

La historia del Dr. Frank W. Gunsaulus es un excelente ejemplo de la relación entre decisión, acción y confianza en uno mismo. El Dr. Gunsaulus, un joven clérigo, tenía el ardiente deseo de fundar una institución educativa que privilegiara el aprendizaje basado en la experiencia. Sin embargo, se enfrentaba al obstáculo de recaudar un millón de dólares para llevar a cabo sus planes. Durante dos años, día tras día, reflexionó sobre las opciones para reunir los fondos necesarios para su proyecto, hasta que un día se dio cuenta de que tenía que pasar de la reflexión a la acción. Cuenta cómo su decisión de actuar reforzó la confianza en sí mismo:

> En el momento en el que tomé la decisión definitiva de conseguir el dinero en un plazo determinado, me invadió una extraña sensación de seguridad, como nunca antes había experimentado. Algo dentro de mí parecía decirme: "¿por qué no tomaste esa decisión hace mucho tiempo? El dinero te estaba esperando". [60.]

Una vez que decidió el momento definitivo en el que obtendría el dinero, el Dr. Gunsaulus encontró rápidamente inspiración para los planes para llevar a cabo esta tarea. Se puso en contacto con los periódicos para informarles que al día siguiente predicaría un sermón sobre "lo que haría si tuviera un millón de dólares". Como fundar una institución educativa de ese tipo era su deseo ardiente —el propósito principal definitivo en el que se centraban todos sus pensamientos—, no tuvo ningún problema para redactar el sermón; lo había estado ensayando en su mente durante los dos últimos años. Rezó con confianza para que alguien del público se sintiera atraído a aportar la cantidad necesaria. Con plena seguridad de que su oración fuera escuchada, el Dr. Gunsaulus pronunció un poderoso discurso en el cual detalló sus planes para organizar una escuela en la cual los alumnos adquirieran conocimientos prácticos a la vez que aprendieran a desarrollar sus mentes. Segundos después de concluir su sermón y tomar asiento, el Dr. Gunsaulus fue abordado por un hombre llamado Phillip D. Armour, quien invitó al Dr. Gunsaulus a acudir a su despacho al día siguiente para recibir el millón de dólares que necesitaba para fundar su institución educativa. Así nació el Instituto Armour de Tecnología.

A veces dudamos en actuar porque no estamos seguros de nuestro éxito. Sin embargo, retrasar la consecución de nuestros objetivos hasta alcanzar un umbral de capacidad determinado artificialmente nos garantiza que cada vez seamos menos capaces de alcanzarlos, ya que nuestra determinación y nuestra fe se debilitan a medida que aumentan nuestros conocimientos.

La alegría de la autosuficiencia se convierte en la "pegajosidad" de la confianza en uno mismo.

Ahora se plantea la cuestión de si *toda* acción conduce a la confianza en uno mismo, ya que los esfuerzos que acaban en derrota, ¿no supondrían un golpe para nuestro ego? Hill planteó esta misma pregunta a Carnegie, quien respondió con la siguiente proclamación: "Todo fracaso lleva en sí la semilla de un beneficio equivalente. Las vidas de los grandes líderes demuestran que su éxito es proporcional a su dominio de la derrota temporal".[61] Como analizaremos en el próximo capítulo, la máxima confianza en uno mismo deriva de aprender a sortear situaciones inciertas o difíciles por uno mismo. Cuando perseveramos ante los retos que nos presenta la vida, cultivamos una fe inquebrantable en nosotros mismos.

DESCUBRIENDO EL PODER AL IR UN PASO MÁS ALLÁ

Para convertir nuestras acciones en poder, debemos combinar la decisión con el entusiasmo: energía positiva que nos motive a "ir más allá". La filosofía del éxito de Hill no deja lugar a la autocompasión ni a la negatividad ante las circunstancias. Porque "abatirse por la suerte que le ha tocado en la vida no es sino menospreciarte a usted mismo. Estar decidido a cosas mejores, y dispuesto y ansioso de trabajar por cosas mejores, sin duda traerá su recompensa".[62]

Como se menciona en el prefacio, Hill consideraba originalmente que la confianza en uno mismo era el primer "requisito" para el éxito, pero más tarde se agrupó bajo la denominación de "entusiasmo". No cabe duda de que ambos estados están interrelacionados, ya que el entusiasmo es "esa gran fuerza dinámica que pone en acción la confianza en uno mismo".[63] Cuando cultivamos el estado mental de confianza en uno mismo, nuestros pensamientos se emocionan con el entusiasmo. Esto, a su vez, magnifica el poder de la autosugestión para trabajar en nuestra mente subconsciente, ayudándonos a crear y a poner en práctica planes definidos.

El entusiasmo es tan estimulante que mejora nuestra iniciativa personal, y nos motiva a realizar nuestros deberes y acciones a un nivel superior al esperado, lo cual retroalimenta nuestro entusiasmo. Este bucle constructivo y auto perpetuador de autoconfianza garantiza que ampliemos continuamente nuestro poder aumentando nuestros pensamientos y acciones con fe y entusiasmo. Como explica Hill: "esto de ir más allá y hacer que le guste ir más allá sin duda desarrolla la iniciativa personal. La alegría de la autosuficiencia se convierte en la "pegajosidad" de la confianza en uno mismo. Nada se interpondrá en el camino de las personas que se comprometen con entusiasmo y de todo corazón a encontrar formas de añadir valor en todos sus esfuerzos.

Lincoln empezó en una choza de troncos y terminó en la Casa Blanca, porque creía en sí mismo. Napoleón empezó como un pobre corso y puso a media Europa a sus pies, porque creía en sí mismo. Henry Ford empezó como un pobre granjero y puso en marcha más ruedas que ningún otro hombre del mundo, porque creía en sí mismo. Rockefeller empezó como un pobre contable y se convirtió en el hombre más rico del mundo, porque creía en sí mismo. Consiguieron lo que deseaban porque confiaban en su propia capacidad. Ahora, la pregunta es, ¿POR QUÉ NO DECIDE LO QUE QUIERE, Y LUEGO VA Y LO CONSIGUE?[65]

PUNTOS CLAVE

- El pensamiento debe ir seguido de la acción. Es a través de la acción decisiva como podemos erradicar los miedos y las dudas que amenazan con mermar nuestra confianza en nosotros mismos.

- La inacción debilita nuestra determinación, agota nuestra capacidad creativa y nos predispone a cuestionarnos a nosotros mismos.

- Cuando avanzamos hacia la consecución de nuestro principal deseo, ganamos impulso, y esto renueva nuestro orgullo y satisfacción y refuerza la confianza en nosotros mismos.

- No espere a poner en práctica sus sueños hasta que se sienta preparado para el éxito, ya que su determinación y su fe se debilitarán. Los obstáculos encerrarán oportunidades de crecimiento y logro.

- Combine la decisión con el entusiasmo: energía positiva que lo motive a dar un paso más.

- El entusiasmo y la iniciativa personal serán suyos cuando...

CULTIVE UN ESTADO DE ÁNIMO
QUE LE PERMITA ACTUAR
CON DECISIÓN

Repita los cinco pasos de la fórmula de la autoconfianza descrita en el capítulo anterior con un estado mental de entusiasmo. En otras palabras, mientras mantiene en mente su objetivo principal definido, dele una emoción a su imagen mental atribuyéndole entusiasmo. Descubra la motivación que esto le proporciona para ir más allá.

En el contexto de un grupo de estudio, discuta las decisiones sobre las cuales ha estado dudando y que hayan estado relacionadas con su propósito principal definido. ¿Qué le ha impedido actuar? ¿Puede identificar el origen de sus dudas? Determine una acción que podría emprender esta semana para crear un cambio positivo en su vida.

CAPÍTULO 5

INCULCANDO CONFIANZA EN UNO MISMO
A LA PRÓXIMA GENERACIÓN

Podemos lograr mucho cuando aprendemos a esperar mucho de nosotros mismos.

—**Napoleon Hill,** "Oportunidad"

Como cada generación tiene menos confianza en sí misma, es crucial que nos centremos en desarrollar no sólo nuestra propia autoestima, sino también la autoestima de los jóvenes de hoy. Si le preguntamos a un educador experimentado cuál es la causa número uno del mal comportamiento y del bajo rendimiento escolar, sin duda nos responderá: la *baja autoestima*. Puede que no seamos capaces de controlar el entorno de los niños, donde el acoso y los medios de comunicación tóxicos pueden mermar la confianza en sí mismos durante los años más formativos, pero sí podemos reforzar su autoestima mediante la intervención directa. Para los padres, familiares, mentores, cuidadores, profesores y las demás personas que pasan tiempo con los niños, esto significa, en primer lugar, evitar las críticas y centrarse en la capacidad y, en segundo lugar, enseñar a los niños el orgullo que supone superar por sí mismos los retos propios de su edad.

EVITAR LAS CRÍTICAS

La crítica tiene una función de auto cumplimiento. Cuando se tacha a un niño de "travieso" o "malo" o se le dice que nunca llegará a nada en la vida, interioriza esas palabras y su mente subconsciente trabaja para materializar los pensamientos negativos. La mente subconsciente es especialmente flexible en la infancia, y por esto las palabras duras e insensibles de familiares y mentores pueden dañar profundamente el sentido de sí mismo de un niño, predisponiéndolo a una conciencia de fracaso para el resto de su vida. Hill subraya que:

>> Los padres suelen hacerles a sus hijos un daño irreparable al criticarlos. La madre de uno de mis amigos de la infancia solía castigarle con una vara casi a diario, completando siempre la tarea con la frase: "acabarás en la penitenciaría antes de los veinte". Fue enviado a un reformatorio a los diecisiete años.[66]

Hill conocía mejor que nadie el poder de las palabras para bajar o subir la autoestima de un niño. Como nació en la pobreza y el analfabetismo, no se esperaba nada grande en la vida de él. Actuó de acuerdo a esas expectativas, que provocaban problemas en su infancia. Pero cuando su padre se volvió a casar con una mujer llamada Martha Ramey Banner, un año después de la muerte de su madre, a Hill lo sacaron rápidamente del camino del fracaso y lo colocaron firmemente en la senda del éxito. Don Green, director ejecutivo y consejero delegado de la Fundación Napoleon Hill, cuenta la historia de este modo:

A los once años, su madrastra lo convenció a Hill de que se planteara la posibilidad de convertirse en escritor debido a su desbordante imaginación. Martha le dijo a su hijastro: "Si le dedicaras a la lectura y a la escritura tanto tiempo como el que le dedicas a causar problemas, quizá llegues a ver el momento en que tu influencia se deje sentir en todo el estado."

Cuando Hill tenía doce años, su madrastra lo convenció para que cambiara la pistola de la cual estaba tan orgulloso por una máquina de escribir. Esto ocurría en 1895, cuando las máquinas de escribir no eran fáciles de conseguir. Martha volvió a motivar al niño, a menudo travieso, al decirle: "Si llegas a ser tan bueno con una máquina de escribir como lo eres con esa pistola, puedes llegar a ser rico y famoso y conocido en todo el mundo".[67]

Por supuesto, sabemos cómo floreció la semilla del pensamiento plantada por la madrastra de Hill, que le dio la confianza en sí mismo necesaria para trabajar incansablemente durante décadas para poner a disposición del gran público la primera filosofía integral del éxito y para perseverar a través de varios fracasos empresariales a lo largo de su vida.

Los padres, los allegados, los educadores y los mentores deben tomar nota de la importante influencia que ejercen en los niños de su vida. A medida que los niños van formando su sentido del yo, necesitan la validación de los adultos para tener la suficiente confianza en quiénes son como para perseguir su propósito principal definido. Necesitan a alguien que fomente su sentido de la individualidad, compartiendo consejos como los de Emerson:

Insiste en ti mismo, no imites jamás. En todo momento puedes presentar tu talento con la fuerza acumulada que otorga la labor de una vida; por el contrario, el talento que se adopta de otros sólo se posee de manera extemporánea e incompleta.[68]

Si bien es cierto que los niños pueden superar su programación infantil más adelante en la vida, es mucho más probable que tengan éxito y disfruten de una existencia satisfactoria si actúan desde un estado de confianza en sí mismos. Al plantar las semillas del miedo, el resentimiento, el odio, la amargura y la conciencia de pobreza, la crítica germina en creencias limitantes y comportamientos codependientes que pueden ser difíciles de desarraigar.

CULTIVANDO EL JARDÍN MENTAL DEL NIÑO

En lugar de recibir una educación diaria sobre sus defectos y debilidades, a los niños se les debería enseñar su capacidad inherente: su poder para crear la vida de sus sueños controlando sus pensamientos. Casi cualquier niño puede apreciar los principios básicos de la filosofía del éxito de Hill.

Si los niños pueden memorizar y recitar canciones infantiles que permanecen con ellos toda la vida, pueden aprender fácilmente a programar su subconsciente para el éxito utilizando las mismas herramientas de memoria. Las afirmaciones, las fórmulas de autoconfianza, los planes de acción y las órdenes como "¡Hazlo ya!" ayudan a quienes estamos convencidos de que estas técnicas nos predisponen a obtener resultados positivos.

Comparta estos secretos con los jóvenes que están listos para comenzar a sembrar en los jardines de su vida. Usted puede ser el maestro jardinero que establezca la visión de un resultado positivo en la vida con sólo utilizar la metáfora de la jardinería. La vida puede ser un jardín. La vida empezó en un jardín. ¿Por qué no demostrarle a un niño cómo utilizar las

herramientas que se le han dado para cultivar el jardín de su vida exactamente a su medida?[69]

Ponga a los niños en el camino del éxito proporcionándoles herramientas de memoria para cultivar su conciencia del éxito. Le sorprenderá cómo plantar las semillas de la confianza en uno mismo a una edad temprana dará lugar a un jardín de abundancia más adelante.

INSPIRANDO LA AUTOSUFICIENCIA

> Dé a los niños el mejor regalo y la base más importante para el éxito: la *confianza* en sí mismos.

Además de enseñar a los niños a aprovechar el poder de sus pensamientos mediante afirmaciones y planes de acción, debemos darles el mayor regalo y la base más importante para el éxito:

LA FÓRMULA DE LA AUTOCONFIANZA

la *confianza* en sí mismos. Muchos niños se ven obstaculizados por el exceso de celo de sus padres para protegerlos de cualquier fuente de desánimo. Los jóvenes necesitan experimentar la frustración que supone resolver las cosas por sí mismos. Si sus padres o seres queridos siempre intervienen para solucionar sus problemas antes de que tengan la oportunidad de resolverlos, se sentirán inadecuados y se volverán dependientes de los demás para resolver todas sus dificultades.

Por otra parte, darle a los niños el espacio necesario para equivocarse y recuperarse -para superar las derrotas temporales y descubrir las oportunidades que surgen de los obstáculos- les permite convertirse en personas equilibradas, decididas y autosuficientes, capaces de pensar por sí mismas. Cuando los niños se dan cuenta de que pueden utilizar sus propios recursos mentales para sortear las incertidumbres y dificultades de la vida, desarrollan una firme confianza en sus capacidades que los convierte en líderes fuertes y triunfadores más adelante. Como dice Hill: "La necesidad es una maestra de gran sagacidad".[70] Descubrir el ingenio propio es tan decisivo para desarrollar la confianza en uno mismo que Hill explica:

> Mi primera tarea al aconsejar a las personas que carecen de confianza en sí mismas es salvarlas de sí mismas. Hablando en sentido figurado, hay que sacarlas al campo y dejar que "huyan", como lo haría un caballo. Deben descubrir su verdadera

fuerza. Deben aprender que su debilidad no existe en ninguna parte excepto en su propia imaginación engañosa.[71]

Dejemos que los niños descubran su poder a través del juego, sin cercarlos ni impedir que nada les cause ni siquiera una momentánea incomodidad. La creatividad y la determinación que adquirirán mediante el aprendizaje por ensayo y error reforzarán su autoestima y los salvarán del mal moderno de la impotencia. Esta es una gran llamada a la que todos los que tienen influencia sobre la vida de los niños deberían prestar atención. Como proclama Hill:

Con todas estas grandes lecciones que hemos aprendido nos enfrentamos, ahora, a la oportunidad de imponer la suma total de lo que hemos aprendido en las mentes de nuestros hijos, para que se convierta en parte de su filosofía y conduzca a la próxima generación a niveles altísimos de logro que asombrarán al mundo.

Este es el único método a través del cual podemos transmitir a la posteridad el beneficio de lo que hemos aprendido a través del combate, la lucha y la experimentación. Qué gloriosa oportunidad aguarda ahora al liderazgo de hombres y mujeres en las escuelas, las iglesias y la prensa pública, los tres principales medios a través de los cuales estas grandes lecciones pueden ser firmemente plantadas en las mentes de nuestros jóvenes.

[...]

Contribuyamos todos con nuestro apoyo y cooperación individuales al fin de que nuestros hijos aprendan las ventajas de poner los principios por encima del dólar y a la humanidad, en su conjunto, por encima del individuo.[72]

PUNTOS CLAVE

La baja autoestima es una de las principales causas —si no la primera— del mal comportamiento y el bajo rendimiento académico de los niños.

Padres, cuidadores, familiares, profesores, mentores y otras personas pueden fomentar la autoconfianza de los niños...

✓ evitar las críticas

✓ resaltar las capacidades

✓ inculcar la confianza en uno mismo

Las críticas tienen una función autocumplida: los niños interiorizan cuando los adultos les llaman "traviesos" o "malos" o les dicen que nunca llegarán a ser gran cosa, y entonces su subconsciente trabaja para materializar esos pensamientos negativos.

Cultive el jardín mental del niño sembrando las semillas de la autoestima. Utilice afirmaciones, fórmulas de autoconfianza, planes de acción y otras herramientas de estímulo a modo de canciones infantiles: la memorización y recitación de afirmaciones positivas producirá autoconfianza y conciencia de éxito.

Fomente el sentido de la individualidad de los niños y estimule su capacidad para resolver problemas. Deje espacio para que los niños experimenten la frustración de averiguar cómo superar obstáculos apropiados para su edad, y les dará un regalo inestimable: la *confianza en sí mismos.*

🔑 La alegría de formar a la próxima generación de líderes e innovadores será suya cuando...

CULTIVE UN ESTADO MENTAL PARA
INSPIRAR AUTOCONFIANZA EN LOS DEMÁS

🔑 Motive a los niños a recitar el poema de Edgar Albert Guest "*No podía hacerse*". Ayudará a los niños a recordar que deben tener fe en sí mismos y persistir en sus esfuerzos por alcanzar su propósito principal definido a través del placer de la rima y el ritmo.

🔑 Si tiene niños pequeños, aproveche el tiempo de manualidades para crear afirmaciones que pueda colgar en su habitación. Haga que sea una actividad divertida: coloréelas, añádales pegatinas o decórelas de forma que resulten atractivas a los ojos de los más pequeños. Si sus hijos son mayores, regáleles un diario y deles indicaciones que inciten a la autoexploración para ayudarles a descubrir sus puntos fuertes y consolidar su confianza en sí mismos. Comparta con ellos libros que les inspiren crecimiento personal y organice sesiones de estudio periódicas para intercambiar impresiones sobre las lecturas.

Cree un pequeño problema adecuado a la edad del niño para que lo resuelva. Por ejemplo, preséntele a un niño pequeño un juguete que se pueda desmontar y cuyas piezas estén desconectadas, e invítelo a recomponerlo. (Para los niños mayores, busque tareas más apropiadas para su edad; por supuesto, nada peligroso ni excesivamente difícil, sólo algo que les ayude a desarrollar su capacidad de pensamiento crítico, como un escenario hipotético a considerar). Absténgase de intervenir para ayudar; reconozca y valide sus intentos, y anímelos a persistir en su empeño. Una vez que hayan completado la tarea, presénteles otra un poco más difícil. Al ofrecerles oportunidades para resolver problemas, los niños desarrollarán simultáneamente su sabiduría práctica, su autosuficiencia y su confianza en sí mismos.

En el contexto de un grupo de estudio, debata estrategias para ayudar a los niños a aumentar su confianza en sí mismos. Identifique oportunidades de tutoría y cómo influir positivamente en los niños cuya confianza en sí mismos se vio mermada en etapas anteriores de su vida.

CÓMO DESARROLLAR
LA CONFIANZA EN UNO MISMO[1]

POR NAPOLEON HILL

"Venderte a ti mismo es un descaro hacia tu Creador".

La persona más maravillosa que ha existido es la que está leyendo esta frase. Si no reconoce esta verdad, entonces debe comenzar de inmediato a seguir estas instrucciones:

1   Este artículo apareció originalmente en *Success Unlimited* y fue reimpreso en *Napoleon Hill's Gold Standard* (Shippensburg, PA: Sound Wisdom, 2017), 46-47.

- Adopte un propósito principal definido y comience, donde sea que se encuentre, para alcanzarlo.

- Escriba una declaración clara de lo que cree que son las ventajas de su propósito principal definido, e invóquelas en su mente muchas veces al día, en forma de oración para su consecución.

- Si su propósito principal es conseguir algo material, como dinero, visualícese ya en posesión de ello cuando lo llame a su conciencia.

- Asóciese con el mayor número posible de personas que simpaticen con usted y con su propósito principal, e indúzcalas a que le den aliento y fe de todas las maneras posibles.

- ¡No deje pasar ni un solo día sin dar al menos un paso hacia la consecución de su propósito principal definido, y recuerde que nada que merezca la pena se consigue sin ¡ACCIÓN-ACCIÓN-ACCIÓN!

- Elija a una persona próspera y autosuficiente como "marcapasos" y decídase no sólo a alcanzarla en sus logros, sino a *superarla.*

- Cuando se encuentre con la derrota, cuando los obstáculos se interpongan en su camino y las cosas se pongan difíciles, no se rinda, sino aumente su fuerza de voluntad y siga adelante.

- Siga el hábito de no huir de las circunstancias desagradables, sino de aprender a transmutarlas en inspiración para la consecución de sus deseos.

- Y recuerde que el AMOR y el odio se pelearon. El odio dibujó un anillo alrededor de sí mismo que dejó fuera al AMOR, pero el AMOR esbozó una gran sonrisa y dibujó un anillo más grande que acogió de nuevo al odio y a su pequeño anillo.

- Por último, reconozca la verdad de que todo lo que vale la pena tener tiene un precio que hay que pagar para conseguirlo. El precio de la confianza en uno mismo es la vigilancia eterna en el cumplimiento de estas instrucciones. Su consigna debe ser la PERSISTENCIA.

Y recuerde, si se subestima por falta de confianza en usted mismo, expresa ingratitud a su Creador, cuyo único y exclusivo privilegio para usted es el de dominar y utilizar su propia mente para la determinación de su propio destino terrenal.

DIARIO

_____

_____

_____

_____

_____

_____

_____

_____

_____

_____

_____

_____

_____

_____

NOTAS

1. Napoleon Hill, "Self-Confidence," conferencia pronunciada en "Applied Psychology," George Washington Institute, Chicago, IL, 1917, D1.

2. Napoleon Hill, *Outwitting the Devil* (Shippensburg, PA: Sound Wisdom, 2020), 20-21.

3. Andrew Carnegie citado en Napoleon Hill, *Napoleon Hill's Greatest Speeches* (Shippensburg, PA: Sound Wisdom, 2016), 20.

4. Hill, *Napoleon Hill's Greatest Speeches* (Shippensburg, PA: Sound Wisdom, 2016), 40.

5. Hill, "Confianza en uno mismo", D5.

6. Napoleon Hill, *Napoleon Hill's Success Principles Rediscovered* (Shippensburg, PA: Sound Wisdom, 2017), 172.

7. Hill, *Grandes discursos*, 41.

8. Hill, "Confianza en uno mismo", D2.

9. Don M. Green citado en Hill, *Greatest Speeches*, 11.

10. Napoleon Hill, *Piense y hágase rico* (Shippensburg, PA: Sound Wisdom, 2017), 74-75.

11. Hill, *Grandes discursos*, 40-41.

12. Napoleon Hill, *Napoleon Hill's Gold Standard* (Shippensburg, PA: Sound Wisdom, 2016), 49.

13. Ralph Waldo Emerson, "Self-Reliance", en *Essays* (Nueva York: Charles E. Merrill Co., 1907), 80, http://www.gutenberg.org/files/16643/16643-h/16643-h.htm#SELF-RELIANCE.

14. Hill, "Confianza en uno mismo", D9.

15. Napoleon Hill y Judith Williamson, *Napoleon Hill's Life Lessons* (Shippensburg, PA: Sound Wisdom, 2008), 29.

16. Hill, "Confianza en uno mismo", D1.

17. William Ernest Henley, "Invictus", http://www.poetryfoundation.org/poems/51642/invictus.

18. Emerson, "Self-Reliance", 81.

19. Hill, *Piense y hágase rico*, 32-33.

20. Emerson, "Self-Reliance", 83.

21. Hill, "Confianza en uno mismo", D15.

22. Napoleon Hill, *La llave maestra de la riqueza* (1945; repr., Shippensburg, PA: Sound Wisdom, 2018), 168.

23. Hill, "Confianza en uno mismo", D7.

24. Los seis miedos básicos son el miedo a la pobreza, el miedo a la crítica, el miedo a la mala salud, el miedo a la pérdida del amor, el miedo a la vejez y el miedo a la muerte.

25. Hill, *Piense y hágase rico*, 47.

26. Napoleon Hill, *Piense y hágase rico en diez minutos al día* (Shippensburg, PA: Sound Wisdom, 2020), 67.

27. Hill, *Outwitting the Devil*, 140.

28. Hill, *Piense y hágase rico*, 297.

29. Ibídem, 109-10.

30. Ibídem, 110.

31. Hill, *Piense y hágase rico en diez minutos al día*, 44.

32. Hill, *Piense y hágase rico*, 106.

33. Ibídem, 107.

34. Ibídem, 249.

35. Ibídem, 254.

36. Ibídem, 107.

37. Hill, *Piense y hágase rico en diez minutos al día*, 43.

38. Hill, *Piense y hágase rico*, 236.

39. Napoleon Hill, *El camino hacia el éxito de Napoleon Hill: La guía clásica para la prosperidad y la felicidad* (Nueva York: TarcherPerigee, 2016), 21.

40. Hill, *Piense y hágase rico*, 240.

41. Ibídem, 237.

42. Ibídem, 342.

43. Hill, *Road to Success*, 21.

44. Ibídem, 23.

45. Ibídem, 31.

46. Hill, *Outwitting the Devil*, 255.

47. Carnegie citado en Hill, *Greatest Speeches*, 20.

48. Hill, El *camino hacia el éxito*, 32.

49. Ibídem, 30.

50. Ibídem, 31.

51. Hill, *Piense y hágase rico*, 73.

52. Ibídem, 74-75.

53. Hill, *Gold Standard*, 202-03.

54. Hill, "Confianza en uno mismo", D8.

55. Hill, *Lecciones de vida*, 29-30.

56. Hill, *Road to Success*, 27-28.

57. Carnegie citado en Hill, *Greatest Speeches*, 20.

58. Hill, *Piense y hágase rico*, 327.

59. Ibídem, 223.

60. Frank W. Gunsaulus citado en Hill, *Piense y hágase rico*, 137-38.

61. Carnegie citado en Hill, *Greatest Speeches*, 20.

62. Hill, *Road to Success*, 30.

63. Hill, *Grandes discursos*, 43.

64. Ibídem, 241.

65. Hill, *Camino al éxito*, 32.

66. Hill, *Piense y hágase rico*, 342.

67. Don Green citado en Hill, *Greatest Speeches*, 16.

68. Emerson, "Self-Reliance", 110-11.

69. Hill, *Gold Standard*, 74.

70. Hill, *Outwitting the Devil*, 200.

71. Hill, *Grandes discursos*, 41.

72. Napoleon Hill, "Oportunidad", *Napoleon Hill's Magazine* 1, no. 8 (enero de 1922). Reimpreso en Napoleon *Hill's Success Secrets*

Rediscovered, ed. rev. (Shippensburg, PA: Sound Wisdom, 2017), 173.

SOBRE EL AUTOR

NAPOLEON HILL nació en 1883 en una cabaña de un solo ambiente en el río Pound en el condado de Wise, Virginia. Comenzó su carrera de escritor a los 13 años como "reportero de montaña" para periódicos de pequeñas ciudades y se convirtió en el autor motivador más querido de Estados Unidos. Hill falleció en noviembre de 1970 después de una larga y exitosa carrera escribiendo, enseñando y dando conferencias sobre los principios del éxito. El trabajo del Dr. Hill se erige como un monumento al logro individual, y es la piedra angular de la motivación moderna. Su libro, Piense y Hágase Rico, es el best-seller más conocido en el campo. Hill estableció la Fundación como una institución educativa sin fines de lucro cuya misión es perpetuar su filosofía de liderazgo, automotivación y logro individual. Sus libros, casetes de audio, cintas de video y otros productos motivacionales están a disposición como un servicio de la Fundación para que pueda crear su propia biblioteca de materiales de superación personal... y que estos lo ayuden a adquirir riqueza tanto en las finanzas como en la vida.

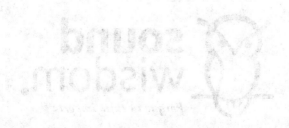

¡REGALO DE BONIFICACIÓN!

Obtenga su libro electrónico de desarrollo personal gratuito y pruebe nuestro boletín aquí:

soundwisdom.com/español

¡GRACIAS POR COMPRAR ESTE LIBRO!